U0626703

图解历史

穿越历史
看清朝

漫童时代◎编绘

CHUANYUE LISHI
KAN QINGCHAO

吉林出版集团股份有限公司
全国百佳图书出版单位

图书在版编目（CIP）数据

穿越历史看清朝 / 漫童时代编绘. -- 长春：吉林
出版集团股份有限公司，2023.7
ISBN 978-7-5731-3724-1

Ⅰ.①穿… Ⅱ.①漫… Ⅲ.①中国历史—清代—青少
年读物 Ⅳ.①K249.09

中国国家版本馆CIP数据核字（2023）第120929号

穿越历史

图解历史

看清朝

CHUANYUE LISHI KAN QINGCHAO

编　　绘：漫童时代
选题策划：矫黎晗
责任编辑：张婷婷
封面设计：余　微
出　　版：吉林出版集团股份有限公司
发　　行：吉林出版集团青少年书刊发行有限公司
电　　话：0431-81629808
印　　刷：唐山玺鸣印务有限公司
开　　本：889mm×1194mm　　1/16
字　　数：50千字
印　　张：4
版　　次：2023年7月第1版
印　　次：2023年7月第1次印刷
书　　号：ISBN 978-7-5731-3724-1
定　　价：59.00元

如发现印装质量问题，影响阅读，请与印刷厂联系调换。022-69381989

前言
QIANYAN

　　提起清朝你会想起什么？是康雍乾盛世下的辽阔疆域和中华民族大一统，还是末代皇帝溥仪退位时走出皇宫那一刻的悲凉？是多尔衮联合吴三桂轰轰烈烈入山海关占领北京城，还是在八国联军攻进北京城时慈禧太后带着光绪帝狼狈出逃的场景？不管是什么，清朝带着它的光辉与落寞向我们走来，诉说着一段特别却又不容我们忘却的历史。

　　清朝是中国历史上最后一个封建王朝，也是第二个由少数民族建立起的统一政权。顺治皇帝入关后，发展生产、整顿吏治、恢复社会经济，最终统一了全国，使中国成为强大的国家。

　　但是国家的发展也遵循不进则退的规律，当清朝闭关锁国时，英国发生了工业革命，俄国正在进行农奴制改革，日本则在进行明治维新。清政府为了维护自己的统治，选择自我封闭。当西方列强用大炮叩开我国国门；当清朝的冷兵器对上西方的坚船利炮；当因循守旧的封建制度对上开放的思想文化，沉醉在美梦中的清朝政府终于明白"落后就要挨打"的道理，清朝也逐步走向灭亡。

　　本书以时间顺序梳理清朝的重要历史事件，不仅讲述了清朝的政治、经济、文化发展，还解读了外来文化对清王朝的影响和冲击。让我们翻开这本书，在276年的兴衰变化中思考这个饱受争议的王朝。

目 录

清（1644—1912）

清朝是中国历史上最后一个封建王朝，1616年由努尔哈赤建立，国号"金"，史称"后金"。1636年皇太极改国号为"清"。1644年，清军入关，定都北京。清朝时的中国是一个版图辽阔、人口众多的统一多民族国家。1912年2月12日，清政府颁布《清帝退位诏书》。至此，清朝彻底退出了中国历史舞台。

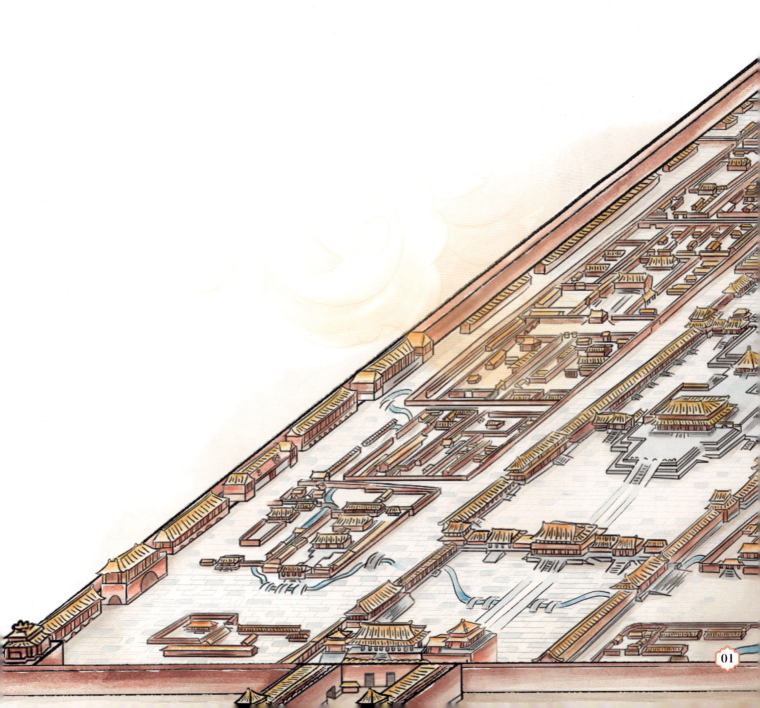

清朝的建立

明朝后期，我国东北地区的女真族不断壮大。后来，一个传奇人物建立新的政权，开创了一个盛大的朝代——清朝。

努尔哈赤

皇太极

建立清朝的皇帝

努尔哈赤去世后，明朝的统治者并没有觉得轻松，因为后金又出现一个雄心勃勃的皇帝，这就是皇太极。皇太极继续攻打明朝，并且在 1636 年改国号为"清"。

白手起家的首领

提到清朝，就不能不先讲一讲努尔哈赤。爱新觉罗·努尔哈赤出生在女真族的一个小酋长家里，他的父母很早就去世了。但苦难的生活并没有使他气馁，坚强又好学的努尔哈赤在 1616 年统一了女真各部，建立了政权，国号"金"，史称"后金"。

一次关键性的战役

后来，努尔哈赤经常和明军交战，取得了很多胜利。1619 年，在萨尔浒之战中，明军败给了后金军，从此，明朝开始扛不住了。

后来，皇太极通过一系列改革，把权力集中到了自己手中，清朝的实力更加强大了。在位期间，皇太极一直为入主中原做准备。

设立都察院

清朝初年，皇太极效仿明朝的制度，建立都察院。都察院可以向皇帝纠举弹劾做坏事的官员，还可以参与审理案件。

创立理藩院

随着领土的扩大，很多蒙古部落归顺了清朝，于是皇太极建立了"蒙古衙门"，专门管理蒙古事务；之后蒙古衙门又逐步演变为处理少数民族事务和部分与外国交往事务的理藩院。

清兵入关

明朝末年，天下大乱，清朝的摄政王多尔衮抓住时机，联合明朝将领吴三桂，一举占领了北京城。

清朝的八旗制度

　　八旗制度是努尔哈赤建立的一种特别的制度。在四处征战的过程中，后金统治的人口越来越多，为了便于指挥，努尔哈赤创立了八旗制度。八旗分为：正黄旗、正白旗、正红旗、正蓝旗、镶黄旗、镶白旗、镶红旗、镶蓝旗，后金管辖的所有人员都被编入了八旗。八旗制度军民合一，在战争时，所有青壮年都要上战场；而在不打仗的时候，他们就耕田或者打猎。在清朝初期，八旗制度下的清朝军队战斗力非常强。

　　顺治入关以后的八旗，分为上三旗和下五旗。上三旗为镶黄旗、正黄旗、正白旗，下五旗为正红旗、镶红旗、正蓝旗、镶蓝旗、镶白旗。八旗制度的兴衰与清朝的兴衰紧密连在一起，到了清朝末年，八旗军已丧失了基本的战斗能力。

巩固国基

老话说得好，"打江山容易守江山难"。清朝建立后，皇太极突然驾崩，导致朝廷内外一片混乱，当时的统治者可怎么面对这个难题呢？

福临登基

1643年，皇太极突然去世，多尔衮拥立皇太极的幼子福临为帝。6岁的福临继承皇位，并在1644年进京，成为清朝入关后的第一位皇帝。

多尔衮是何人

爱新觉罗·多尔衮是努尔哈赤的第十四子，是清朝开国皇帝皇太极的弟弟，曾跟随皇太极出征蒙古，屡立战功。皇太极去世后，多尔衮以摄政王的身份辅佐福临继承皇位。随后，他主持创建了清代入关后的各项制度，是清朝大一统的功臣！

定都北京

　　想了解清朝，不能不提清朝的都城，也就是中国的首都——北京。历史上，北京曾是元、明、清三朝的都城，只是当时它不叫"北京"。

"北京"一名是怎么来的

　　在元朝时，北京被叫作"大都"，是元朝的政治中心。元朝被推翻后，明朝把都城定在了应天府（今江苏南京），"大都"被改名为"北平"。之后，明成祖朱棣又迁都回北平。这样，人们把北边的北平称作"北京"，把南边的应天府称作"南京"。后来经历过几次变动后，在1949年确定为"北京"这一地名。"北京"这个名字就用到现在了。

北京城里的"五行"布局

　　在元、明、清三朝，北京城的城市体例与现在的大不相同。元朝时的北京城按金、木、水、火、土五行对应，划分为西、东、北、南、中五个城区。明、清两朝大体上沿袭了元朝的行政区划。

北京城与汉字的关系

    汉字作为我国的文化瑰宝同样深刻地影响着城市建设。仔细观察老北京城的地图，会发现那时它的城市轮廓很像"凸"字。"凸"字的上半部分被称为内城，下半部分被称为外城。

城中城——紫禁城

    在"凸"字的上半部分里，就是北京城的中央所在，明、清两朝帝王居住的"紫禁城"就在这里。紫禁城坐北朝南，拥有四个门，即午门、神武门、东华门、西华门。

故宫建筑的独特气质

北京故宫是中国明、清两代的皇家宫殿，是中国古代宫廷建筑的精华，被誉为"世界五大宫"之首。

故宫位于北京中轴线的中心，占地约 72 万多平方米，四面各开一门，外有护城河环绕，城墙四角各有一座风姿绰约的角楼。总体布局以轴线为主，左右对称；根据朝政和生活需要，又分为南北两部分，形成了宫殿建筑外朝、内廷的布局。三大殿是外朝建筑的主体，主要是皇帝行使权力和举行盛典的地方。

保和殿

保和殿位于"工"字形台基的北端，该殿平面布置灵活，上面是歇山式殿顶，建筑上采用了"减柱造"做法，使殿内空间十分宽敞。

中和殿

中和殿位于太和殿和保和殿之间，即"工"字形台基的中心，平面呈正方形，四面出廊。屋顶是单檐攒尖顶，轮廓优美。

太和殿

太和殿是故宫内体量最大、等级最高的建筑物，也是全国最大的木构大殿之一。它的造型讲究，使用了最尊贵的重檐庑（wǔ）殿顶，且全部使用金黄色琉璃瓦，光辉灿烂。

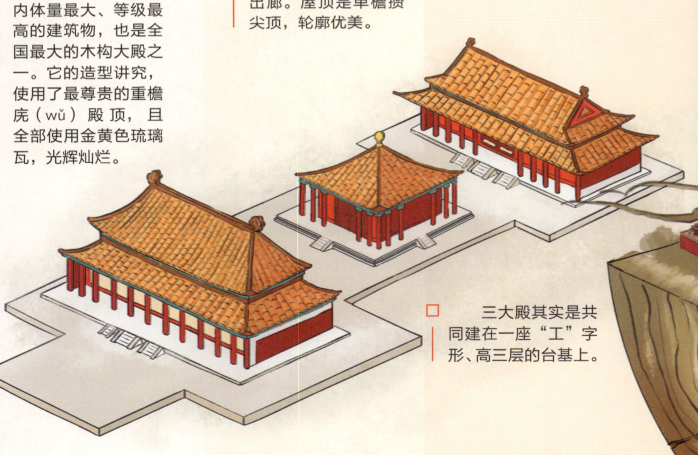

三大殿其实是共同建在一座"工"字形、高三层的台基上。

奇妙的斗拱

斗拱是故宫建筑的一个重要组成部分，这些密密麻麻的方形和弓形木块巧妙地连接了立柱和横梁，既让建筑拥有一种造型之美，又能起到抗震作用。

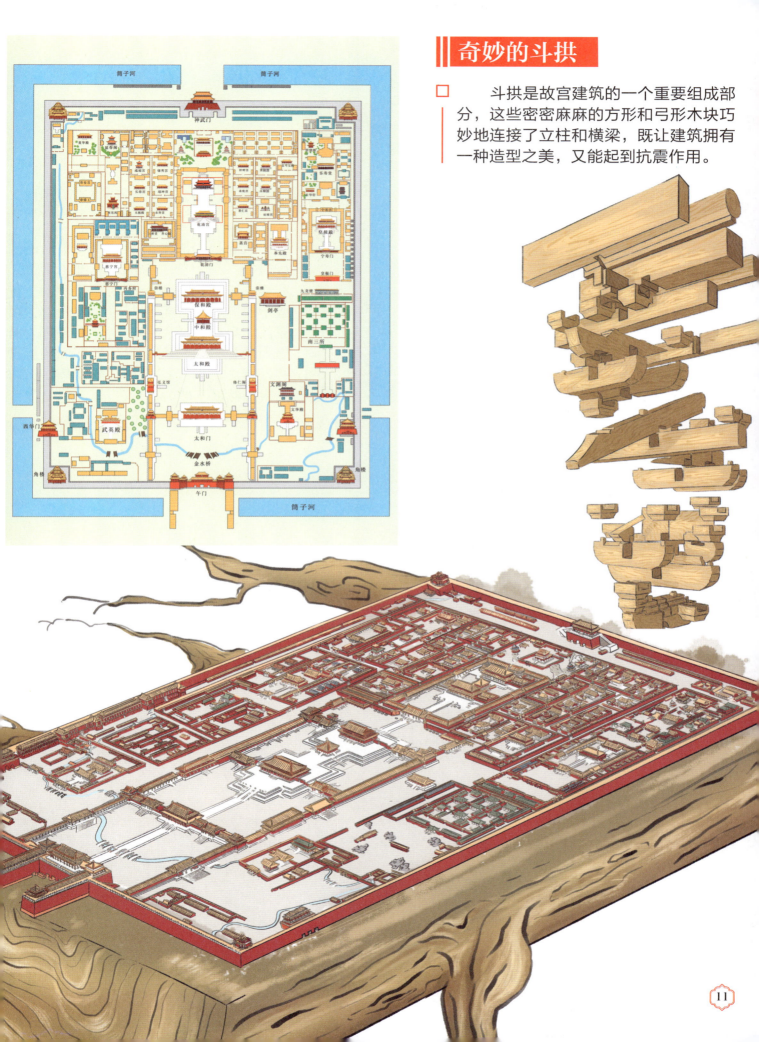

清朝的政治制度

清朝初期，官制大体沿袭明朝制度。但为了加强中央集权，清朝逐渐建立了一套区别于以前各朝的官制，到雍正、乾隆时期，通过逐步调整，慢慢稳定下来。

内阁制度的演变

清朝入关后，沿袭了明朝时的内阁制度，但因为其中的权力纷争，一直到康熙帝时才确定下来，内阁成为名义上最高的执政机关。雍正帝时期，因为内阁大臣和议政王大臣会议拥有较大权力，雍正帝设立了军机处，军机处成为实际意义上的中枢权力机关。

"六部"是如何消失的

六部是中国隋唐以后中央政府的执行机关，是吏部、户部、礼部、兵部、刑部、工部的总称。清朝沿袭明制，光绪帝时先增设外务部。后又改户部为度支部，兵部为陆军部，刑部为法部，礼部为典礼院，又增设农工商部而将工部并入其中，以及民政部、学部等，这样一来当然就不能叫"六部"了。

"补子"与官员品级的关系

在官员的服饰方面，清朝与明朝有所不同，但有的方面还是沿用了明朝的制度，比如补子。

补子是明、清两朝官制服饰——补服上的特殊织绣纹样，用来表示品级。补子是一块正方形绸料，在上面绣上不同的图案，再缝到官服上，有的也可以直接织绣到官服上。文官的补子纹样用禽鸟，武官的补子纹样用猛兽，各分九等。

文官补子

一品仙鹤　　二品锦鸡　　三品孔雀　　四品云雁　　五品白鹇

六品鹭鸶　　七品鸂鶒（xī chì）　　八品鹌鹑　　九品练鹊

武官补子

一品麒麟　　二品狮　　三品豹　　四品虎

五品熊　　六品彪　　七品、八品犀牛　　九品海马

康熙之治

清朝到了康熙、雍正、乾隆时期，国力最为鼎盛，也就是人们常说的"康雍乾盛世"，简称"康乾盛世"。康熙皇帝继位后，治国有方，清朝从此进入"康熙之治"。

清圣祖康熙皇帝名玄烨，8岁时继承皇位，14岁时亲政，在位61年，是整个中国封建历史上在位时间最久的皇帝。

朝冠

皇帝夏朝冠，顶三层，前饰金佛，后饰舍林。

朝珠

朝珠是清朝冠服制度中具有特色的佩饰，一般由珍珠、珊瑚等珠宝制成。

朝服

朝服是清朝皇帝的主要礼服之一，采用上衣下裳的形制，保留了满族风俗的披肩和马蹄袖。

康熙皇帝

鳌拜是清朝初期的权臣，号称"满洲第一勇士"。康熙继位后，鳌拜与索尼、苏克萨哈、遏必隆一起辅政。后来他结党营私，被康熙皇帝铲除了。

吴三桂

尚可喜

耿精忠

鳌拜

智擒鳌拜

康熙皇帝即位时才 8 岁，朝廷大事基本都由辅政大臣管理，其中鳌拜居功自傲，不把年少的康熙放在眼里。于是，机智果断的康熙亲政后"智擒鳌拜"，这也成为他执政初期的一大成就。

平定三藩

处理鳌拜后，康熙决定平定三藩。当时的三藩，一为镇守云南的平西王吴三桂，二为镇守广东的平南王尚可喜，三为镇守福建的靖南王耿精忠。其中势力最强大、野心最大的是吴三桂。康熙决定出兵讨伐吴三桂的叛军，对尚可喜之子尚之信和耿精忠则采取招降政策。很快，尚之信和耿精忠就投降了清军，吴三桂不久也病死了。清军趁机发起猛攻，最后叛军节节败退。1681 年，历时八年的三藩叛乱终于被平定了。

雅克萨之战

17世纪时，沙皇俄国对我国东北部的领土雅克萨等地进行侵略，试图扩张领土。康熙皇帝两次派兵驱逐，惨败的沙俄军被迫与清政府在1689年签订了《中俄尼布楚条约》，从法律上划定了中俄的东段边界。

收复台湾

明朝末期，郑成功从荷兰殖民者手中收复了台湾，之后他的儿子治理台湾。康熙年间，清政府在稳定大陆后，决定对台湾用兵，进一步实现国家统一。1683年，康熙皇帝任命施琅为福建水师提督，率兵攻取台湾。1684年，清朝设立了台湾府。1885年，台湾正式建省，成为中国的一个行省。

平定准噶尔

准噶尔部是我国明清时期蒙古四部之一，雄踞西北。准噶尔部首领噶尔丹野心极大，1688年，在俄国的怂恿下，开始与清朝政府长期对抗。为确保边疆安定，维护国家统一，康熙皇帝曾三次率军亲征漠北，对准噶尔部进行了三次规模较大的战争，1757年，乾隆时期终于平定叛乱，巩固了边疆地区。

"千古一帝"

康熙皇帝自小就聪明好学，否则也不能在年少时就设计铲除大权在握的鳌拜，如果缺少了魄力和后期的努力，也做不了后来那些平三藩、收台湾、赶沙俄的大事。总之，清朝在康熙皇帝的治理下，政治开明、经济发展、根基牢固，呈现出一派欣欣向荣的景象。

康熙皇帝

康熙时期的文化成就

稳定的政治局面和良好的经济基础给文学艺术的发展提供了合适的环境，因此，康熙年间自然有不少文化成就。

皇家巨著《钦定古今图书集成》

《钦定古今图书集成》内容丰富，全书6个汇编，上自天文，下至地理，是我国现存规模最大、资料最丰富的类书，从1701年开始编纂，历时28年才完成。

文字巨典《康熙字典》

《康熙字典》是中国第一部以"字典"命名的工具书，于1710年开始纂写，用时6年完成。它的作者是张玉书、陈廷敬等。它是古代收字最多的字典，其体例也成为后世出版字书的蓝本。

《御定全唐诗》

《御定全唐诗》是一部规模最大的唐诗总集。全书共收录唐、五代350年间诗歌48900余首，内容包括帝王、后妃的作品和乐章、乐府诗、历朝诗等。

"百戏之祖"昆曲

清代时，中国的戏剧发展到了繁荣时期，闲暇时去看戏已经成为人们主要的娱乐方式。昆曲在清朝蓬勃发展，代表作有《长生殿》《桃花扇》等。昆曲是我国最古老的剧种之一，对很多戏曲都产生了深刻的影响，所以昆曲又被称为"百戏之祖"。

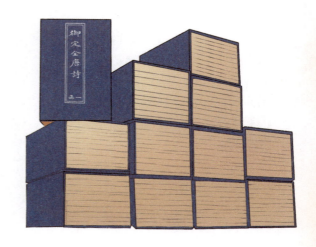

皇帝请吃饭

清朝宫廷有一个有名的盛宴,这就是"千叟宴"。千叟宴从康熙时期开始。当时康熙皇帝为了庆祝自己的 60 岁生日,同时宣传孝道思想,宴请了从各地来为自己祝寿的老人。康熙 70 岁的时候又举办了第二次千叟宴。到乾隆时期,宴会场面空前盛大。后来,千叟宴也成为一个践行孝德的节日。

《康熙南巡图》

康熙皇帝在位期间曾经 6 次南巡,是他太爱玩了吗?当然不是。南巡主要是为了视察河道和民情。王翚(huī)、杨晋等人合作完成的《康熙南巡图》就是以此为题材,不仅展现了当时康熙帝南巡时的场景,还展示了各地的风土人情、农业以及商业的繁荣景象,反映了清朝初期的社会经济的发展情况和百姓的生活状态。

雍正改革

雍正是一位务实、勤奋、敢于创新的皇帝。雍正在位 13 年，对清廷机构和吏治做了一系列改革；雍正在位时期也成为清朝承上启下的重要阶段。

给百姓减赋

清初沿袭明朝制度，在各地征收钱粮，还加收"火耗"。火耗就是百姓的银子在做成银锭的过程中造成的损耗。损耗也要百姓补，官员还想趁机"捞油水"，百姓压力自然大，雍正皇帝对此进行改革，限制地方官员任意加征，为百姓减赋。

强化密折制度

清朝时，皇帝鼓励官员直接向自己递密折，这就是密折制度。这一制度在雍正时期达到完备。密折制度可以让皇帝直接听到官员的声音。后来雍正帝结合自己的亲身经历，吸取皇子夺权的教训，又确定了秘密立储制度，把继承人的名字写好藏在密匣里，放在"正大光明"匾后面。

没有人头税啦！

　　康熙时改变了之前的赋税制度，宣布"新生人口永不加税"，百姓需要交的是田赋和固定的"人头税"。雍正时将这固定的人头税均摊到田赋里，这一制度叫"摊丁入亩"。从此，百姓不需要再根据人头交税，极大地促进了人口的增长。

设立军机处

　　清朝初期，国家的一切大事都要经过议政王大臣会议讨论决定，皇帝处处受限。因此康熙皇帝设立了南书房，雍正帝设立了军机处。军机处可以直接根据皇帝意志草拟诏书，传达到各个机构，总揽一切军政大事，军机处的设立加强了君主的专制权力。

雍正皇帝的一天

雍正皇帝非常忙碌，被称为"清朝最勤奋的皇帝"。想知道他的一天是如何度过的吗？

9:00

上朝理政

③ 用膳后，雍正皇帝开始办公。他要和大臣们一起研究治国大事，听他们汇报工作，然后给出指示等。

5:00

起床梳洗、请安、晨读、听政

① 雍正皇帝每天早晨5点起床，然后梳洗，穿戴整齐后去给母亲请安。请安回来就开始了一天的晨读。晨读时通常读《圣训》和《实录》等书。晨读之后是御门听政，也就是早朝，处理政务。

13:00

7:00

早膳、翻膳牌

② 听政后，雍正皇帝开始用早膳。虽然清朝的皇帝每天只吃两餐，但早餐非常丰富，一般是八道主菜和四道小菜。即便是早膳时间，雍正也会通过翻牌召见一些大臣，这叫"翻膳牌"。

午休、晚膳

④ 经过了一上午的"头脑风暴"后，雍正皇帝要休息一下，让大脑放松，并开始用晚膳，为下午的工作和活动做准备。

14:00

21:00

办公或娱乐

⑤ 下午2点左右，雍正皇帝又开始办公了，但也会偶尔娱乐一下，比如抚琴、下棋、练书法、逗逗宠物……

晚点、祭拜、就寝

⑥ 忙碌到傍晚时分，雍正皇帝会吃些点心，然后开始祭拜神灵。祭拜之后，雍正皇帝可不会马上就寝，而是批阅奏折，通常会忙到深夜。

□ 雍正皇帝除了生日的那天给自己放半天假，其余时间都很忙碌，也正是因为这样，他的继任者乾隆皇帝才能拿到一份殷实、富足的基业。

皇帝的主要后宫成员

太皇太后

皇太后

皇后

□ 太皇太后：皇帝的祖母
皇太后：皇帝的母亲
皇后：皇帝的正妻，主持后宫事务

皇帝的后宫嫔妃

皇贵妃

贵妃

妃

嫔

贵人

常在

答应

乾隆盛世

乾隆登基时，康熙和雍正两朝已为其奠定了坚实的政治、经济基础。"康乾盛世"到了乾隆时期，无论是内政、外交，还是经济、文化、科技等方面，都达到了全盛。

知识的力量

☐ 清朝的皇子读书非常刻苦。康熙、雍正和乾隆这三位皇帝都有所作为，这也是清朝会出现"康乾盛世"的原因之一。

"长寿皇帝"

☐ 乾隆在康熙、雍正两朝治理的基础上，进一步完成了多民族国家的统一，使清朝的社会经济、文化有了进一步发展。他是中国历史上最长寿的皇帝，一直活到了 89 岁。

乾隆皇帝

文治武功

康熙、雍正、乾隆三位皇帝的执政风格各不相同：康熙皇帝强调仁政；雍正皇帝敢于改革创新；乾隆皇帝善于总结父祖经验教训，施展"文治武功"。

加强统治

乾隆皇帝不仅扩大了军机处的编制，还很重视军机处大臣的遴选，同时加大了军机处处理事务的范围。

巡幸全国

乾隆皇帝六次巡幸江南，访查风土民情。他还多次在避暑山庄宴见西北边疆少数民族首领。

发展生产

乾隆皇帝奖励垦荒，他提倡增加耕地，大力发展经济，带动百姓生产。

巩固边疆

乾隆皇帝平定大、小和卓叛乱，在新疆设伊犁将军，加强了对西北地区的管辖。1771年，蒙古族土尔扈特部在首领渥巴锡的领导下返回新疆，得到妥善安置。

乾隆时期的文化成就

清朝进入乾隆时期，经济繁荣，百姓娱乐活动丰富，这一时期的文化和艺术领域大放异彩，成为"康乾盛世"重要的组成部分。

传世巨作《红楼梦》

曹雪芹出生于清朝康熙年间，年少时家族的没落让他看透世间百态。于是，在乾隆年间他创作出长篇小说《红楼梦》。《红楼梦》堪称我国古典小说的巅峰之作，也是享誉世界的名著。

《四库全书》有哪"四库"

《四库全书》是我国古代最大的丛书，乾隆年间经 10 年完成。它囊括了我国古代很多图书，故称"全书"。

"四库"即为经、史、子、集四部。

"经"是儒家经典及后人阐释；

"史"是官修正史和其他各类史书；

"子"是诸子百家的著作；

"集"是各种诗文词的汇编。

不远万里来到中国的画师郎世宁

郎世宁是意大利米兰人，1715 年以传教士的身份来到中国，后来成了一名清宫廷画师。他的绘画题材多为重大历史事件、人物肖像、花鸟走兽等，具有较高的史料价值。代表作有《八骏图》《百骏图》《乾隆皇帝大阅图》等。

郎世宁

国粹京剧

乾隆时期，民间艺术得到很大的发展。各个地方戏曲以给皇帝和皇后祝寿为契机，纷纷进京献艺，国粹京剧开始形成。京剧代表剧目有《贵妃醉酒》《空城计》《锁麟囊》等。

珐琅彩开光双戟小瓶

珐琅彩双环瓶

宫廷气息浓郁的珐琅彩

珐琅彩是清朝时期的彩绘陶瓷品种，清宫又称其为"瓷胎画珐琅"。珐琅彩是康雍乾时期烧造的御用釉上彩器物，帝王们对它的款式、图案和色彩等要求极高，是三代帝王的"内廷秘玩"。

盛世下的危机

　　清朝经过"康乾盛世"之后，举国上下似乎还沉浸在自足自满的氛围中。此时的西方国家正在大刀阔斧地进行改革，清朝政府却闭关锁国，东西方的发展正在悄无声息地拉开差距……

　　□ 18世纪60年代，英国开始了工业革命。接着，法国、德国、美国和日本也开始进行工业革命。工业革命使这些国家的工业技术发生了质的改变，尤其对经济产生了巨大影响。

珍妮纺纱机

蒸汽机

　　□ 18世纪60年代，英国纺织工哈格里夫斯发明了以女儿名字命名的珍妮纺纱机。这种纺纱机可同时纺8根纱线，后经改进可同时纺出80根纱线，极大地提高了纺织行业的生产效率。

　　□ 从1765年到1790年英国发明家瓦特对蒸汽机进行了一系列改良，让蒸汽机真正具有普遍的实用性。蒸汽机的发明和应用，是第一次工业革命的主要标志。工业革命后，蒸汽机逐步扩展到化工、冶金、采矿、机器制造、交通运输等领域

　　□ 工业革命极大地提高了社会生产力水平，人类进入"蒸汽时代"。19世纪中期，英国成为世界上第一个工业国家。

　　□ 1825年，英国工程师斯蒂芬森设计的蒸汽机车载着450名乘客正式试车，标志着铁路时代的到来。1851年，英国建成了总长约10000千米的铁路网。

与世界脱节的清朝

鸦片战争爆发前，清朝的统治者对大洋彼岸的变化一无所知。清朝在封建社会落后的制度和闭关锁国政策的影响下停滞不前，以至于两次工业革命全都错过，与世界完全脱节。

闭关锁国政策

清朝统治者认为天朝物产丰富、无所不有，没必要与外国进行经济交流，同时又担心国家领土和主权受到侵犯，担心百姓与外国人交往会动摇自己的统治，便实行"闭关锁国"政策。

只留广州一个通商口岸

顺治时期，清政府颁布"禁海令"，限制中国人出洋贸易和居住，对外国人在中国的活动，包括商贸等都做了很多限制。

自给自足的小农经济

自给自足的小农经济是清朝当时主要的生产方式；另外，不断加剧的社会矛盾让土地集中在少数人手中，很多农民以乞讨为生。

文化专制，思想禁锢

清朝统治者为了维护中央集权，在文化上也实行专制政策，把很多书列为禁书，阻碍了人们思想的进步。

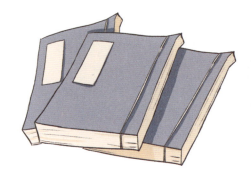

落后就要挨打

清朝的军队由于很久不打仗，军风、军纪日益败坏，八旗子弟更是颓废至极。而且当时八旗使用的兵器还是冷兵器，作战能力十分低下，远远落后于英国的热兵器，这让清朝在面对外国势力入侵时屡屡战败，付出了无法估量的惨痛代价。

虎门销烟

"闭关锁国"政策不仅让清政府走向衰落，阻碍了当时中国经济的发展，还引起了希望打开中国市场的西方国家的强烈不满。于是，他们利用鸦片强行敲开了中国的大门……

② 鸦片走私使中国一年内流失的白银超过1000万两，严重损害了中国百姓的健康，加剧了政治腐败，还削弱了清朝军队的作战能力。

③ 面对几乎瘫痪的局面，道光皇帝任命林则徐为钦差大臣，前往广州禁烟。

① 英国为了开辟海外市场，向中国输入呢绒、布匹，但遭到中国男耕女织的自然经济的排斥，严重滞销，于是开始向中国走私鸦片。

④ 1839年，一场轰轰烈烈的禁烟运动开始了，林则徐与英国鸦片贩子展开斗争。

⑦ 于是，林则徐开始收缴鸦片，并亲自验收。

⑧ 英国商人拒不服从海关检查，林则徐便下令将他们驱逐出境。

⑥ 洋商们拒不配合，林则徐便派士兵看守外国的商船，停止他们的一切活动。很快，洋商们便被迫缴出鸦片。

⑤ 林则徐一到广州，就派人去监视广东沿海运输鸦片的船只。同时，他派人去调查各国洋商存储的鸦片数量。

销烟流程图

① 挖蓄水池。

② 搭建蓄水池。

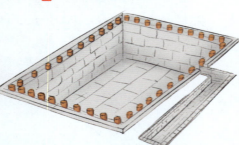

③ 池前开涵洞，池后通水沟。

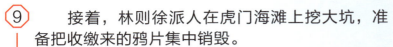

9 接着，林则徐派人在虎门海滩上挖大坑，准备把收缴来的鸦片集中销毁。

1839 年 6 月 3 日，林则徐下令在虎门海滩当众销毁鸦片。历时 23 天，237 万余斤鸦片全部被销毁，这就是震惊世界的"虎门销烟"。

林则徐

4 投入鸦片，加盐卤水与生石灰。　**5** 分解销蚀，引水入池冲走。

☐ 北京天安门广场人民英雄纪念碑的第一幅浮雕就是虎门销烟的场景，它展现了中国人民禁烟斗争的伟大胜利！

鸦片战争

虎门销烟引起了英国鸦片贩子的强烈不满，他们认为中国的禁烟措施损害了他们的利益。英国议会通过决议批准政府对华发动战争。

鸦片战争的导火线

19世纪初，英国进口了中国大量的茶、丝等商品，而英国货物出口量却一直受限。英国人决定利用鸦片走私扭转这种贸易逆差。鸦片走私使清朝的社会生产力急剧下降，大量白银外流。清政府决定禁烟，1839年的虎门销烟成为第一次鸦片战争的导火线。

鸦片战争爆发

虎门销烟的消息很快就传到了英国，气哄哄的英国人决定用武力强行轰开中国的大门。于是，1840年6月，英国军队拉着大炮乘船渡海到达广州珠江口，对广州进行封锁。就这样，第一次鸦片战争正式爆发了。

严防死守，猛烈还击

　　林则徐命令守军严密戒备英国船舰的动向，让沿海各省做好防备。后来，英军决定攻击福建厦门，闽浙总督邓廷桢率军对抗，把英军打得连连后退。

定海失守，直逼天津

　　英军不甘心，决定北上攻击浙江定海。由于清政府毫无防备，定海很快失守了，英军趁势进逼天津。

求和谈判，割地赔款

　　道光皇帝听到消息后，以"办理不善"为理由，把林则徐革职查办了，改换琦善去与英军谈判。1842年8月，清政府被迫与英国签订了丧权辱国的《南京条约》，这是中国近代史上第一个不平等条约。

第二次鸦片战争

鸦片战争后，英国尝到了甜头，西方列强开始肆意妄为，想在中国这片土地上进一步获取利益……

"亚罗"号事件

1856年，广东水师在中国船只"亚罗"号上逮捕了几名海盗和船员，英国却硬说"亚罗"号是英国船，要求释放被捕人员。就这样，英国以此为由，向清政府发动了第二次鸦片战争。

攻陷广州

1856年10月，英国炮轰广州，挑起战争。1857年，英、法两国联合出兵，攻陷广州。

直逼天津

1858年，英法联军开始北上。大沽口炮台很快失陷了，联军直逼天津。清政府被迫与俄、美、英、法四国分别签订了《天津条约》。

占领北京城

《天津条约》还是没能让西方列强满意，1860年，英法联军再次找了个由头占领天津，直逼北京。咸丰皇帝逃到了承德避暑山庄。同年10月，发生了震惊中外的"火烧圆明园"事件。

签订《北京条约》

　　1860 年 10 月下旬，清政府被迫签订了《北京条约》，英、法两国获取了割地、赔款、开放通商口岸等权益。

沙俄侵占我国大片领土

　　第二次鸦片战争前后，沙俄也趁机强迫清政府签订一系列不平等条约，让中国割让了 100 余万平方千米的领土。

　　两次鸦片战争让中国的主权和领土受到严重侵犯，外国资本主义的侵略势力由东南沿海进入中国内地，中国从一个独立的封建社会逐渐沦为半殖民半封建社会。

睁眼看世界

　　鸦片战争的爆发，让清朝统治阶级的封闭和愚昧在这场战争中暴露无遗。面对内忧外患的局势，当时的中国出现了一批人开始"睁眼看世界"。

林则徐汇译《四洲志》

　　林则徐是睁眼看世界的先驱者。为了让国家富强，林则徐主张对外开放。他一边严禁鸦片进口，一边在广州开办译馆，收集有关西方国家的消息，派人翻译西书西报，汇译了比较系统地讲述世界地理的志书《四洲志》。

魏源编成《海国图志》

　　魏源是晚清著名的思想家。鸦片战争爆发后，他以鸦片战争败北为国耻，提出"师夷长技以制夷"试图重振国威。他受林则徐委托，在《四洲志》的基础上编成《海国图志》一书。这部书被誉为了解外国知识的"百科全书"。

严复是清政府第一批留欧学生，他对西方的学术文化思想产生了浓厚的兴趣。后来，他成为中国历史上第一个比较系统地介绍西方哲学、经济学、政治学思想的翻译家，他翻译的赫胥黎的《进化与伦理》前两篇，并命名为《天演论》，阐明了自己的进化论思想。

严复

"东方伽利略"——徐继畬

徐继畬（yú）是近代中国睁眼看世界的伟大先驱。他做福建布政使时经常处理对外交涉事务，并留心搜集外国的著述。后来，他撰写了《瀛寰（yíng huán）志略》一书。该书介绍了当时世界各大洲约80个国家和地区的地理位置、历史沿革、物产风俗等，以图说纲，内容新颖，是中国近代史上一部重要的世界历史、地理著作。

徐继畬

被烧毁的皇家园林——圆明园

圆明园位于北京西郊，得益于清朝的康乾盛世，在多年的陆续扩建中，成为中国有史以来最宏伟的皇家园林。

"万园之园"

盛时的圆明园景区有 100 多处，主要的如"圆明园四十景""绮春园三十景"，都由皇帝命名题署。圆明园由圆明、长春、万春三园组成，它的建筑特点汇集了江南若干名园胜景，还创造性地移植了西方园林建筑，融合了当时最先进的建筑技术和建筑理念，集中外造园艺术之大成。园内还藏有无数奇珍异宝、书籍字画等，被誉为"一切造园艺术的典范"和"万园之园"。

　　通晓西洋建筑学的郎世宁与法国传教士蒋友仁等参与了园内著名"西洋楼"的设计，谐奇趣和海晏堂是典型的西洋建筑。法国文豪雨果曾说圆明园是一个"世界奇迹"。

火烧圆明园

第二次鸦片战争期间，英法联军于 1860 年占领北京，还闯进皇家园林——圆明园。10 月 18 日，侵略者开始了震惊中外的焚园行动，大火持续烧了三天三夜，圆明园从此变成一片废墟，园内的无数珍宝和文物被抢劫一空。现在英国和法国的一些博物馆中的藏品，有一部分藏品就来自圆明园。

圆明园十二生肖兽首铜像

| 鼠首 | 牛首 | 虎首 | 兔首 | 龙首 | 蛇首 |

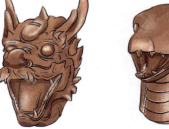

鼠首于 2013 年 6 月 28 日被法国皮诺家族捐赠给中国。目前收藏于中国国家博物馆。

牛首于 2000 年 4 月 30 日被中国保利集团在中国香港佳士得拍卖行购得。目前收藏在保利艺术博物馆。

2000 年 5 月 2 日，中国保利集团以高价在苏富比拍卖行购得虎首。目前收藏在保利艺术博物馆。

兔首被法国皮诺家族买下，在 2013 年 6 月 28 日与鼠首一起捐赠给中国。目前收藏于中国国家博物馆。

龙首目前在中国台湾。

下落不明。

马首

马首于 2007 年
10 月被何鸿燊
斥巨资购回，捐
赠给国家。2019
年 11 月，马首
铜像正式被捐赠
给国家文物局。
2020 年，马首
正式回归圆明园。

羊首

下落不明。

猴首

2000 年 4 月 30
日，中国保利集
团在香港佳士得
拍卖会中拍得猴
首。目前收藏在
保利艺术博物馆。

鸡首

下落不明。

狗首

下落不明。

猪首

2003 年，猪首
被何鸿燊出资购
买，之后被转赠
给保利集团。目
前收藏在保利艺
术博物馆。

洋务运动

经过两次鸦片战争，清政府知道了西方国家船坚炮利的厉害。为了挽救国家，一些开明的大臣发起了自救自强的洋务运动。

晚清四大名臣

提倡洋务新政的官员被称为"洋务派"，代表人物有李鸿章、曾国藩、左宗棠、张之洞，这四个人被称为"晚清四大名臣"。

曾国藩

李鸿章

左宗棠

张之洞

湘军首领

曾国藩重视采用外国军火，创设了安庆内军械所，制造"洋枪洋炮"，后又试制小火轮船。他还积极筹措经费，派遣学童赴美留学。

北洋水师创始人

李鸿章是洋务运动的代表性人物，在军事工业上下了不少功夫。1862年，他在上海设立洋炮局，后来把洋炮局迁到了南京，扩充为"金陵制造局"。

洋务派首领

左宗棠是清末重臣，湘军重要统帅。1866年，他创办福州船政局，成为洋务派首领之一。之后，他在西安、兰州两地创办机器局。

后期洋务派首领

张之洞曾在广东筹建官办新式企业，设立枪弹厂、铁厂、枪炮厂等。为培养洋务人才，他还广办学校，并多次派遣学生赴日、英、法、德等国留学，为洋务运动付出很大精力。

发展近代军事工业

洋务派主张学习西方先进技术，强兵富国，他们创办了一批官办的军事工业，如江南机器制造总局、天津机器制造局等。

江南机器制造总局

江南机器制造总局是清政府于洋务运动中兴办的最大的军用企业。机器设备和原材料从国外进口，技术由英、美、德等国的技师主持，生产枪炮弹药，是当时东亚较先进、世界较大的工厂之一。

汉阳八八式步枪

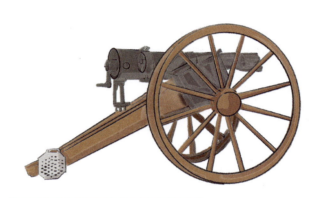

张之洞建立了汉阳兵工厂，而汉阳八八式步枪就是在此生产的。

拥有致命射速的格林炮

格林炮是 1884 年前后仿制的六管枪，此枪的原型是由美国人加特林发明的一种早期机枪。

兴办新式学校

京师同文馆是清末第一所官办外语专门学校，主要培养外语翻译，由恭亲王奕䜣奏请，1862 年在北京正式开办。美国传教士丁韪（wěi）良总管校务近 30 年，是个名副其实的"中国通"。

丁韪良

京师同文馆设有英文、法文、俄文等馆。学生从这里毕业后，可以任职政府译员、外交官员、洋务机构官员等。1902 年 1 月，京师同文馆并入京师大学堂。

甲午中日战争

甲午中日战争是日本蓄意挑起的一场侵华战争，最后以清政府的失败告终，并引发了列强瓜分中国的狂潮……

1894年，朝鲜爆发农民起义，朝鲜政府请求清政府出兵帮忙镇压。此时，日本趁机出兵朝鲜，偷袭清朝运兵船，日舰不宣而战。这一年是农历甲午年，所以这场战争被称为"甲午中日战争"。

1894年9月，北洋舰队与日本联合舰队在黄海展开了激战。在丁汝昌的指挥下，北洋军舰英勇作战，重创日本舰队。"致远"舰管带邓世昌、"经远"舰管带林永生率部英勇奋战，最终壮烈牺牲。北洋舰队几乎全军覆没，日本获得制海权。清军无力与日军抗衡，最终选择投降。

爱国将领邓世昌

邓世昌是晚清北洋海军爱国将领。少年时，他目睹了西方列强在中国的横行霸道后，立志长大后保家卫国。他从福州船政学堂毕业后，赴北洋舰队任"致远"舰管带。他平时严格训练，钻研海军战术。1894年，邓世昌在黄海海战中壮烈殉国。

邓世昌

《马关条约》

甲午中日战争之后，清政府被迫与日本政府签订《马关条约》，规定了割地、赔款等协议。《马关条约》使外国侵略势力进一步深入中国腹地。

闻一多

痛失"七子"

放眼整个晚清，山河破碎，列强横行。从清朝官员卑躬屈膝地签订了中国近代史上第一个不平等条约——《南京条约》起，祖国母亲陆续痛失"七子"，即当时被列强霸占的七块土地：香港、澳门、台湾、九龙、威海卫、广州湾（现广东湛江）和旅大（旅顺、大连）。

近代爱国主义诗人闻一多在留学期间创作《七子之歌》，唤醒了中华儿女的爱国热情，激发了人民对帝国主义列强侵略者的憎恶。

清政府的自救

甲午中日战争的失败让中国人意识到，要想真正救国必须从政府的制度上进行变革。于是，几个爱国的热血青年开始了一场大胆的尝试，决定对清政府根深蒂固的"顽疾"进行刮骨疗毒……

戊戌变法

举国哗然的《马关条约》

1 《马关条约》签订的消息传到北京后，犹如一颗惊天炸雷，瞬间炸醒了全国百姓，人们群情愤怒，对清政府签订卖国条约表示强烈抗议。

公车上书

2 正在北京参加会试的康有为、梁启超等人决定联合各省举人上书光绪皇帝，请求立刻变法，希望能通过变法来挽救民族危亡，这就是"公车上书"。可惜上书并没有到达光绪帝手中。

汉代以公家车马送应举之人赴京，后以"公车"泛指入京应试的人。

义和团运动

□ 甲午中日战争后，中国人民组织了一场波澜壮阔的反帝爱国运动——义和团运动。义和团曾提出"扶清灭洋"的口号，后来在抗击八国联军的过程中，在中外反动势力的联合镇压下失败了。

光绪皇帝颁布"明定国是"诏书

③ 1897 年，德国占领胶州湾，光绪帝不甘心做亡国之君，决定变法。1898 年 6 月 11 日，清政府颁布"明定国是"诏书，正式宣布进行变法革新。

顽固派拆台

⑤ 戊戌变法受到维新派的热烈欢迎，却触碰了顽固派的利益，于是慈禧太后等人发动政变，软禁光绪皇帝，抓捕变法人士。

戊戌变法

④ 随后，光绪皇帝发布了一系列变法诏令。主要内容有：裁撤官员；鼓励私人兴办实业；废除八股等。因为 1898 年是农历戊戌年，所以历史上称这次变法为"戊戌变法"。

六君子就义

⑥ 得知事情有变，康有为、梁启超先后逃往海外，谭嗣同、刘光第、林旭等六人则被捕遇害，史称"戊戌政变"。就这样，历时 103 天的"戊戌变法"宣告失败，所以又称"百日维新"。

八国联军侵华

☐ 1900 年 8 月，英、俄、日、法、美、德、意、奥八国联军攻陷北京，慈禧太后和光绪皇帝仓皇出逃。

签订《辛丑条约》

☐ 1901 年 9 月，清政府被迫与八国列强签订了丧权辱国的《辛丑条约》，这是中国近代史上主权丧失最严重、赔款数目最庞大的不平等条约，标志着中国完全沦为半殖民地半封建社会。

清朝灭，帝制终

随着清政府统治危机的加深，资产阶级领导的民主革命运动在全国迅速开展起来，清朝灭亡已是大势所趋……

同盟会的成立

孙中山作为民主革命先行者，少年时就接受西方教育，对封建落后的清朝统治颇为不满。1894年，他在美国檀香山组织兴中会。1905年8月，他在日本成立中国同盟会。

武昌起义

1911年9月，湖北两个革命团体在同盟会的推动下谋划起义。10月10日晚，新军工程第八营打响了武昌起义第一枪。接着，驻守在武昌各处的新军也纷纷起义。很快，武昌城就被革命军占领。

辛亥革命

武昌起义胜利后，全国有一半以上的省份纷纷宣布独立。1912年1月1日，中华民国临时政府在南京成立，孙中山就任第一任临时大总统。因为1911年是农历辛亥年，历史上称这次革命为"辛亥革命"。

开启崭新的时代

辛亥革命推翻了清王朝的统治，也结束了中国 2000 多年的封建君主专制制度。百姓的生活发生了翻天覆地的变化。

裹足是封建社会强加给女性的枷锁，解放双足也就成为妇女从封建桎梏下解放出来的重要标志之一，从此女子们可以昂首阔步向前走了。

剪掉男子的辫子

革命党人视清朝男子的大辫子为恶政，辛亥革命后，男子们纷纷剪掉辫子。

广受欢迎的"中山装"

简练、方便的中山装取代了传统的长袍马褂，更体现了中国人民迎接新时代、奋发向上的精神面貌。

流行一夫一妻制

封建社会的婚姻具有强迫性，辛亥革命后主张婚姻自由，且提倡"一夫一妻"，成为现代婚姻的雏形。

称呼"先生"就好

封建制度的不平等也体现在日常表达中。辛亥革命后，"大老爷""老爷"这样不平等的身份称呼被简单、明了的"先生"取代。

先生

改用公历纪年

孙中山当选大总统后，提出改用公历纪年，即与世界流行的阳历同步，以 1912 年 1 月 1 日为中华民国公历元年。

公历纪年

清朝大事年表

1616 年，努尔哈赤称汗，建元天命，定国号为金。

1636 年，皇太极称帝，定国号为清。

1644 年，清兵入关，顺治皇帝进入北京。

1681 年，康熙皇帝平定"三藩之乱"。

1683 年，康熙皇帝收复台湾。

1689 年，清朝与沙俄签订了《尼布楚条约》。

1727 年，清朝在西藏设置驻藏大臣。

1839 年，林则徐虎门销烟。

1840 年，鸦片战争爆发。

1842 年，清政府被迫签订《南京条约》。

1851—1864 年，太平天国运动。

1858 年，清政府被迫签订《天津条约》。

1860 年，清政府被迫签订《北京条约》。

19 世纪 60—90 年代中期，洋务运动。

1894—1895 年，甲午中日战争。

1895 年，清政府被迫签订《马关条约》。

1898 年，戊戌变法运动。

1900 年，八国联军侵华。

1901 年，清政府被迫签订《辛丑条约》。

1911 年，武昌起义，辛亥革命爆发。

1912 年，中华民国成立，清帝退位。